LÉON OLLÉ-LAPRUNE

MEMBRE DE L'INSTITUT

MAÎTRE DE CONFÉRENCES A L'ÉCOLE NORMALE SUPÉRIEURE

Étienne Vacherot

1809-1897

PARIS

LIBRAIRIE ACADÉMIQUE DIDIER

PERRIN ET Cie, LIBRAIRES-ÉDITEURS

35, QUAI DES GRANDS-AUGUSTINS, 35

1898

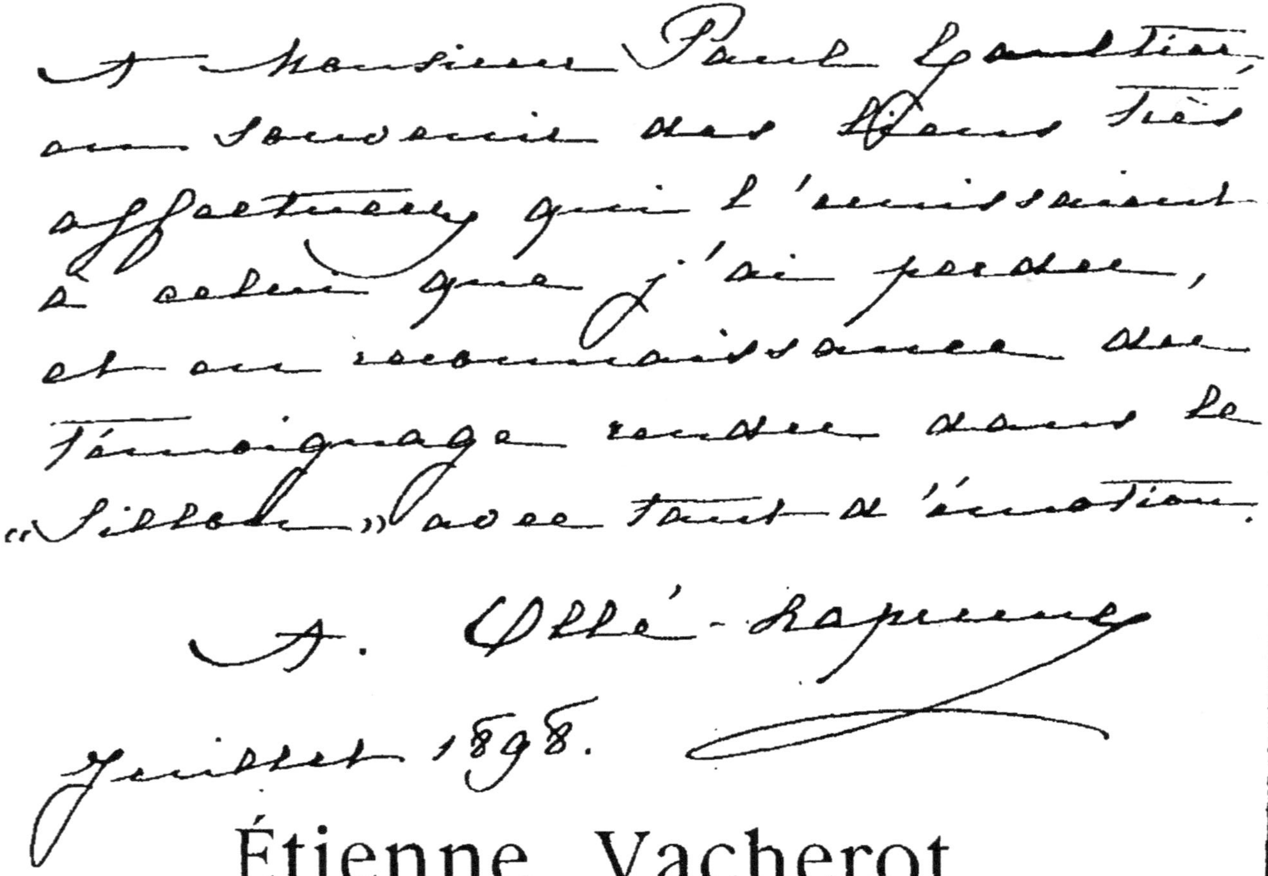
A Monsieur Paul Gaultier,
en souvenir des liens très
affectueux qui l'unissaient
à celui que j'ai perdu,
et en reconnaissance du
témoignage rendu dans le
« Sillon » avec tant d'émotion.

A. Ollé-Laprune

Juillet 1898.

Étienne Vacherot

1809 - 1897

OUVRAGES DU MÊME AUTEUR

La Philosophie de Malebranche, 2 vol. in-8 (collection La-
drange, 1870). Chez Alcan.

De la Certitude morale, 1 vol. in-8. Belin, 1880 ; 3ᵉ édit., 1898.

Essai sur la morale d'Aristote, 1 vol. in-8. Belin, 1881.

La Philosophie et le Temps présent, 1 vol. in-12. Belin, 1890 ;
3ᵉ édit., 1898.

Les Sources de la Paix intellectuelle, 1 vol. in-18 jésus.
Belin, 1892 ; 2ᵉ édit., 1893.

Le Prix de la Vie, 1 vol. in-12. Belin, 1894 ; 5ᵉ édit., 1898.

Ce qu'on va chercher à Rome, 1 brochure in-16. Armand Colin
(*Questions du Temps présent*), 1895 ; 2ᵉ édit., 1895.

Éloge du P. Gratry, 1 brochure in-8. Chez Téqui et chez
Lecoffre, 1896.

De la Virilité intellectuelle, 1 brochure in-18 jésus. Belin, 1896.

AVERTISSEMENT

M. Ollé-Laprune avait été chargé par
M. Arsène Vacherot, au cours de l'année
1897, d'écrire, pour l'Association des anciens élèves de l'École normale supérieure,
la Notice sur M. Étienne Vacherot ; il la
lut en janvier 1898, à la séance annuelle
de l'Association.

Devenu, en décembre 1897, successeur
de M. Étienne Vacherot à l'Académie des
Sciences morales et politiques, dans la section de philosophie, il se préparait, lorsqu'il
fut surpris par la mort, à publier dans la
Revue des Deux Mondes certains écrits
inédits de M. Étienne Vacherot, et à

écrire, pour l'Académie des Sciences mórales, une seconde Notice sur son prédécesseur.

C'est la Notice lue à l'École normale qu'on trouvera dans le présent opuscule.

On a cru répondre à la pensée de l'auteur en restituant, dans le texte de cette Notice, certains paragraphes que M. Ollé-Laprune avait, pour des raisons de brièveté, supprimés du manuscrit primitif.

On a cru répondre au vœu des lecteurs en ajoutant en renvois, de-ci de-là, certaines notes, que M. Ollé-Laprune avait déjà jetées sur le papier en vue de la Notice pour l'Institut.

On s'est proposé de remplir un devoir de piété envers la mémoire des deux philosophes ; on espère y avoir réussi.

ÉTIENNE VACHEROT

Né le 29 juillet 1809, mort le 28 juillet 1897, Étienne Vacherot a, durant cette
longue vie de quatre-vingt-huit ans, connu
des régimes politiques bien différents et des
fortunes bien diverses.

Enfant au moment de l'invasion, après les
gloires du premier Empire ; élève de l'École
normale dans les dernières années de la
Restauration ; professeur de philosophie en
province, à Versailles, puis directeur des
études à l'École sous la monarchie de Juillet
et jusqu'aux approches du second Empire ;

1

brisé pour refus de serment après le coup
d'État, réduit alors à donner des leçons pour
vivre ; mis en prison, en 1860, pour son
livre *La Démocratie* ; en 1868, successeur
de Cousin à l'Académie des Sciences mo-
rales ; maire du Ve arrondissement de Paris
pendant le siège et jusqu'au 24 mai 1873 ;
député de Paris à l'Assemblée nationale ;
journaliste vers 1880, et collaborateur de
revues ou de feuilles quotidiennes où l'on
ne s'attendait point à le voir écrire : le cadre
est varié, attirant, j'allais dire aussi, décon-
certant ; dans ce cadre, quelle noble et at-
tachante figure ! Vacherot a observé beaucoup et beaucoup pensé : il a conçu, il a dit,
il a écrit, il a fait, ou encore il a souhaité,
espéré, rêvé des choses qui se contrarient,
ce semble, mais où un regard non prévenu
démêle une indéniable unité. Il a suscité l'ad-

miration, provoqué la colère. Jeune ou dans
sa première maturité, il déroutait ceux qui,
lui voulant du bien, se fâchaient que ses
audaces leur rendissent difficile de servir
ses intérêts. Parvenu au sommet de la vie
et voyant au pouvoir ses amis et ses idées,
il a comme eu hâte d'encourir l'impopula-
rité parce que la réalité lui paraissait trop
au-dessous de l'idéal et qu'il l'a dit. Il s'est
exposé, ce qui est plus pénible encore, à
l'indifférence publique. Quiconque l'a vraiment connu, l'a estimé et aimé. Seuls les
gens légers et distraits se sont mépris sur
son compte, et ce sont ceux-là seuls qui, dans
les dernières années, se retiraient de lui.

I

Torcenay est un petit village voisin de Langres. C'est le lieu de naissance de Vacherot. Ses parents, de bonne souche, étaient de très honnêtes paysans, très peu aisés. Il coûta la vie à sa mère en naissant; vers cinq ans il perdit son père. Une tante maternelle, qui habitait Langres, le recueillit. De sa petite enfance un seul souvenir demeure : « Né pour l'action », c'est-à-dire « pour la guerre », nous conte-t-il lui-même, et en vers,

Encore en robe il se battait.

Après une lutte mémorable avec un
« grand »,

> On mit le vainqueur en culotte
> Malgré sa mine un peu pâlotte.

En 1814, en 1815,

> Il vit l'étranger sans frémir ;
> Pour en faire un enfant de troupe,
> Un cosaque le mit en croupe.

Et le cosaque l'emmenait, et l'on crut
l'enfant perdu : on ne le retrouva qu'assez
longtemps après.

De bonne heure, Vacherot apprit un
métier : il fallait le mettre en état de ga-
gner vite sa vie. Mais, en 1822, c'est au collège que nous le trouvons. Un protecteur
quelque peu influent de la famille a remarqué son intelligence, son ardeur au
travail. Il est en septième. Il a treize ans.

Les vénérables palmarès du vieux « Collège de la Ville de Langres » se sont retrouvés dans ses papiers. Ils attestent ses succès et l'étonnante rapidité avec laquelle se poursuivirent des études commencées si tard. En 1823, il achève sa cinquième avec le prix d'excellence, le premier prix de thème, le second de version. En 1824, c'est sa troisième qu'il fait, et le premier prix de grec, cette fois, accompagne le second prix d'excellence. En philosophie, il réussit avec éclat.

En 1827, à dix-huit ans, il entre à l'École normale, ou, comme on disait alors en langage officiel, à l'École préparatoire; car notre École, supprimée en 1822, venait d'être rétablie, en 1826, par Mgr Frayssinous, mais sans recouvrer encore son nom. Le cours des études durait deux ans.

Vacherot rencontre dans sa promotion
Adolphe Berger, avec qui commence une
amitié qui ne finira qu'à la mort de Berger,
en 1869. A la promotion de 1828 appartient le seul des camarades de Vacherot qui
lui survive, le vénéré M. Charles Bénard,
le doyen de l'Association des anciens élèves
de l'École normale supérieure.

Ce qu'était l'École à cette époque, Vacherot l'a dit dans les pages très jeunes qu'il
donnait, il y a trois ans, à notre *Livre du
Centenaire*[1]. Dans des papiers inédits dont
je ferai connaître plus loin la nature et le
prix, nous lisons : « Je vins à Paris, et j'eus
pour maîtres, à l'École normale, Michelet,
dont les conférences sur la psychologie
écossaise nous *charmaient* ; à la Sorbonne,

---

[1] Notice sur Victor Cousin, par Etienne Vacherot, dans
la publication : *Le Centenaire de l'Ecole Normale (1795-
1895)*, Paris, Hachette.

Cousin, dont les leçons sur la philosophie de l'histoire nous *entraînaient*. »
Voilà, prises sur le fait et marquées d'un
trait précis, les grandes admirations, les
influences subies et aimées. De ces conférences de psychologie de Michelet, rien n'est
venu jusqu'à nous [1]. Pour Cousin, c'est du
cours de 1828 qu'il s'agit, puis du cours
de 1829. Nous les avons. Victor Cousin
remonte dans sa chaire de Sorbonne
après un silence forcé de six années : il y
apporte de grandes vues, une parole en-
flammée, je ne sais quoi de solennel, de
prophétique ; dans ses leçons comme déjà
dans la *Préface* des *Fragments* en 1826, il
« entraîne » les esprits séduits par une écla-
tante vision ; c'est qu'avec lui et en lui

---

[1] Vacherot écrivait en 1895 : « Michelet, quel maître ou
plutôt quel ami ! Il était presque aussi jeune d'âge que ses
élèves, plus jeune d'esprit et de cœur. »

transparaissent Schelling, Hegel, qu'il vient
de visiter, et cette hardie et engageante et
enivrante philosophie allemande dont il est
plein ; tout cela avec la claire et belle
allure française, ce qui achève l'enchante-
ment. Le provincial d'hier est remué, trou-
blé, conquis, emporté. De cette impression,
Vacherot ne reviendra jamais. Cousin chan-
gera, non point Vacherot. On verra plus
tard Cousin s'assagir et renier ses origines :
Vacherot, lui, déclarera que, la seconde
manière lui gâtant l'autre, c'est l'autre qui
compte, et il prétendra ainsi être fidèle à
Cousin, plus que Cousin, malgré Cousin.

Je parlais tout à l'heure de la *Préface* de
1826. Il y a là un morceau qui est cité au
moins quatre fois dans le grand ouvrage de
Vacherot : *La Métaphysique et la Science*.
Les derniers cahiers manuscrits laissés par

Vacherot le reproduisent encore, abrégé,
mais avec tout l'essentiel. « Je gardai toujours dans un coin de mon esprit la célèbre
phrase de mon maître revenu de l'Allemagne,
la tête pleine des doctrines de Schelling et
de Hegel : Le Dieu de la raison n'est point
un Dieu abstrait relégué sur le trône d'une
éternité silencieuse ; c'est un Dieu vivant,
fini et infini, un et plusieurs, substance et
cause à la fois, qui n'est rien, s'il n'est tout. »
Rarement parole de philosophe et de poète
tout ensemble entra aussi profondément
dans un esprit, y laissa une trace aussi
obstinée, et y opéra dans le secret avec une
égale puissance.

Un troisième grand nom, qui revient
souvent dans les papiers inédits de Vacherot sur sa jeunesse, c'est celui de Jouffroy ;
mais Vacherot, élève à l'École, ne paraît

avoir remarqué de Jouffroy que le célèbre
article : *Comment les dogmes finissent*. Il
n'y a aucun indice d'une autre influence
exercée sur son esprit par la parole ou les
écrits de celui en qui il saluera plus tard
« un homme qui n'a pas d'égal en ce siècle
pour l'analyse et la critique ». Seules les
vues de Jouffroy sur la religion le préoc-
cupent, et naturellement il en a une connaissance très incomplète, puisque la crise
religieuse dont il parlera si souvent n'a été
révélée qu'en 1842, par le *Mémoire* pos-
thume *sur l'Organisation des sciences philosophiques.*

Entré à l'École le 14 octobre 1827, Vacherot en sort le 20 octobre 1829. Il avait
été malheureux à l'examen de l'agrégation
pour les classes supérieures des lettres ; il
est, le 26 octobre, nommé provisoirement

régent de troisième au collège de Châlons-
sur-Marne. Juste un an après, le 26 octobre 1830, un arrêté signé du duc Victor de
Broglie, Ministre de l'Instruction publique,
lui confie la chaire de philosophie du collège
royal de Cahors, où il va retrouver Berger,
professeur de rhétorique à dix-neuf ans.
« La Révolution de Juillet, c'est Vacherot
qui parle (dans ses papiers inédits), a fait de
moi un professeur de philosophie, grâce à
Cousin, nouveau conseiller de l'Université,
chargé de réorganiser l'enseignement philosophique. » A cette nomination il y avait
une condition : le Ministre, faisant remarquer au jeune professeur l'importance de
Cahors, lui enjoint de justifier le choix
dont il est l'objet en obtenant le titre
d'agrégé au prochain concours ; dans la
lettre ministérielle, à n'en pas douter,

c'est Cousin qui parle. Il faudra réussir. Cousin y tient. Mais comment réussir, se demande Vacherot avec effroi en juillet 1831, quand il a donné tous ses soins à un enseignement « auquel il n'était pas préparé », et que la nécessité de se présenter au baccalauréat ès sciences « a pesé toute l'année comme un lourd fardeau sur ses épaules » ? « Je n'ai fait que rédiger; je n'ai pu composer, à mon grand regret; or, M. Cousin nous a dit à l'issue du dernier concours (celui de 1830) que le style nous manquait. » Grande est sa perplexité; il la confie à Guigniaut, directeur de l'École depuis la Révolution de Juillet, lequel avait été, en 1828-1829, son directeur des études. S'il ne se présente pas à l'agrégation, on lui enlèvera le poste que pourtant « il n'a pas indignement occupé ». S'il se présente, ce sera « avec des armes inégales », et cela lui répugne. Il demande « qu'on le juge équitablement, qu'on apprécie son effort ». Il ne se présente pas, et il est maintenu à Cahors. C'est en 1833 seulement qu'il est reçu à l'agrégation. Il l'est avec éloge.

Alors tout lui sourit. Nommé à Angers le 2 septembre 1833, il est envoyé comme suppléant à Versailles, le 21 octobre. L'arrêté porte qu'il aura 1.500 francs de traitement fixe avec une part dans l'éventuel, et, comme sans doute c'étaient là des conditions presque trop belles, vu l'avantage d'être sitôt à Versailles, l'arrêté ajoute que « le Conseil royal de l'Instruction publique examinera s'il y a lieu d'y joindre les 400 francs d'agrégation ». On ne gâtait pas les gens en ce temps-là.

La précision des détails et des dates

doit causer quelque étonnement. Vacherot
n'était pas collectionneur, et c'était sa femme
qui conservait les papiers qu'elle jugeait
précieux. Pourtant, c'est bien lui qui a eu
le soin de recueillir tous les documents
relatifs à ses différentes étapes de 1827
à 1851. Mme Vacherot était morte en 1869,
et c'est en 1874 qu'il a fait ce travail : il a
pris la peine, quand les pièces originales
manquaient, de les remplacer par des
copies ou par des certificats qu'il s'est pro-
curés soit au Ministère de l'Instruction publique, soit à l'École dont Bersot était le
directeur. Il a ainsi reconstitué son passé
universitaire, et c'est ce qui m'a permis
d'en faire l'histoire avec une exactitude
presque étrangement minutieuse.

A Versailles il suppléait Danton, le bril-
lant Danton, plus jeune que lui de cinq

ans, chargé de couronnes au collège (en seconde, il avait eu tous les premiers prix au Concours général), reçu le premier à l'École, le premier à l'agrégation de philosophie. Le suppléé et le suppléant se plurent, se lièrent, et quelques années plus tard Vacherot épousait la sœur de Danton.

En 1836, il est docteur ès lettres. La thèse latine a pour titre : *De rationis auctoritate, tum in se, tum secundum sanctum Anselmum consideratæ.* La thèse française étudie la *Théorie des premiers principes selon Aristote.* Le platonisme transformé d'Aristote devait lui plaire et il y cherchait des vues ou des formules en harmonie avec sa propre pensée ; il aimait dans Aristote l'*immanence* des idées substituée à la *transcendance.*

Cependant il ne se pressait point d'entreprendre quelque grand ouvrage. Il se contentait de se faire l'éditeur de Cousin ; il publiait le *Cours d'histoire de la philosophie morale au* xviiie *siècle*, professé en 1819-1820. Un premier volume paraissait en 1839 : l'*École sensualiste ;* un autre préparé avec la collaboration de Danton, en 1840 : l'*École écossaise ;* et en 1841, il donnait les sept premières leçons de 1820 [1], contenant, sous le titre d'*Introduction*, la doctrine morale du maître ; un curieux *Avertissement* est en tête de ce petit volume.

---

[1] Le texte de ces sept leçons, tel qu'il fut donné en 1841, n'est pas conforme de tous points à la rédaction authentique qu'en avait conservée l'un des auditeurs de 1820, M. Delcasso. M. Janet, dans son livre sur *Victor Cousin et son œuvre*, indique les suppressions qui furent pratiquées dans cette rédaction primitive. « J'ai interrogé sur ce point M. Vacherot, ajoute-t-il ; mais il n'a conservé aucun souvenir qui puisse servir à expliquer le fait. Il est très probable que ces documents étaient déjà triés lorsqu'ils ont été remis entre ses mains (p. 124). »

Cousin, dont Vacherot s'occupe tant en 1840 et 1841, avait en 1838 changé, si l'on peut dire, sa destinée. Il l'avait brusquement tiré de sa chaire de Versailles[1] pour le faire, le 4 janvier 1838, directeur des études à l'École normale, avant trente ans.

[1] Vacherot, n'étant encore que professeur à Versailles, avait déjà une certaine notoriété, puisque, envoyant à Guizot, en octobre 1837, un discours qu'il venait de prononcer, il recevait de Guizot le billet suivant : « Je serais fort heureux que toutes mes paroles vous en inspirassent de pareilles. Je sais du reste, Monsieur, que vous n'avez pas besoin d'inspiration et que les bonnes pensées vous viennent de vous-même. »

II

Chargé, comme conseiller de l'Université, de la haute surveillance de l'École, de 1830 à 1835, Cousin avait succédé à Guigniaut en 1835 dans la direction effective. Il avait mis Viguier à la direction des études : ne s'entendant plus avec lui, il se cherche un autre collaborateur. Il ne le choisit pas souple. Vacherot, très bon avec de la candeur, est fort jaloux « de ne penser et de ne faire qu'à sa tête », et il a « une répugnance visible pour tout ce qui est administration ». C'est le témoignage qu'il se rend.

« Cousin a dirigé mon inexpérience et
soutenu ma faiblesse avec une sollicitude
paternelle. Quand on lui parlait de mes
distractions, il répondait : « Non, il n'est
« pas distrait, il est abstrait; il pense à la
« philosophie. » Il voulait bien me dire mes
vérités dans son cabinet. Il ne souffrait pas
qu'on parlât mal devant lui de son directeur
des études. J'étais pour lui une âme aimante
et enseignante, mais surtout aimante. Pourquoi Cousin ne m'a-t-il jamais pardonné
mon penchant pour une doctrine qui avait
été la sienne? Parce que, si agréable que
lui fût ma personne, ma doctrine était un
obstacle à l'œuvre de philosophie universitaire à laquelle il... [1]. » La page où s'achève
la phrase manque; en achever le sens n'est

1 Papiers inédits, dans la préface d'un livre projeté dont
je parlerai tout à l'heure.

pas difficile, mais ce serait anticiper sur les temps. Entre Cousin et Vacherot, il y a eu des heurts, cela se devine ; mais les choses ont marché, après tout ; chez Vacherot, il y avait pour Cousin une admiration de son haut talent et une gratitude sincère qui calmaient ou prévenaient les justes impatiences ; et Cousin, de son côté, avait pour la belle âme de Vacherot une estime, mêlée de respect et de sympathie, qui interdisait les grands éclats [1].

Avec Dubois, successeur de Cousin qui était devenu Ministre, ce fut l'entente parfaite ; collaboration de dix ans, de 1840 à 1850, amitié qui devait durer jusqu'à la mort de Dubois, en 1874. Ce fut Vacherot

---

[1] On trouve dans les papiers de Vacherot une lettre de. Cousin, non datée par lui, mais avec le timbre de la poste de Juillet 1848, disant à Vacherot : « Priez Jacques de lire avec vous votre manuscrit. Je trouverai bien tout ce qui vous aura paru tel. »

qui, en janvier 1875, dans la séance annuelle
de l'Association des anciens élèves de l'École
normale supérieure, rendit hommage à
Dubois. Sa belle Notice fait revivre l'homme,
le directeur, l'écrivain, et en particulier le
fondateur de cette Association, qui en avait
été le président de 1850 à 1866 ; elle est écrite
avec cœur, pleine de faits et d'idées ; on
y trouve l'écho du sentiment public et l'accent de l'affection personnelle ; et Vacherot
y célèbre éloquemment « cette religieuse
tradition des souvenirs qui font l'honneur et
aussi la force de notre École ». Il saluait en
finissant « l'admirable femme dont Dubois
avait fait sa compagne ». Aujourd'hui
encore, je le sais, elle parle avec émotion
du vieil ami Vacherot, devant ses visiteurs
ravis de trouver dans la contemporaine de
tant d'illustres disparus des souvenirs si

présents, une âme si jeune et cette grâce
d'autrefois, faite de bonté non moins que
d'esprit et d'exquise politesse.

Je reviens à Vacherot directeur des études.
De la façon dont il s'acquittait de sa tâche,
tous ceux qui ont passé par l'École de 1838
à 1851 rendent témoignage. De la sûreté
pénétrante avec laquelle il jugeait les élèves,
M. Gabriel Monod nous donnait il y a quatre
ans, dans son étude sur Taine, une preuve
saisissante : c'était cette note sur l'élève
Taine retrouvée dans les archives de l'École
par les soins de son infatigable historien,
M. Paul Dupuy. J'ajouterai un trait d'une
tout autre sorte. Vacherot savait s'inté-
resser à certains candidats qui ne réussis-
saient point à entrer. J'ai vu Bersot avoir
des sollicitudes pareilles. Vacherot était
capable d'y mettre si bien son âme qu'une

fois ce fut l'occasion et le commencement d'une longue amitié. Les vers latins, dont Gibon était constitué le gardien sévère, avaient trahi les espérances d'un jeune homme qui avait l'esprit bon et qui aimait l'histoire. Vacherot, content des autres compositions, fait les derniers efforts pour le sauver. Il rencontre une inflexible opposition ; ne pouvant ouvrir l'École à celui dont il devinait la valeur, il lui donne son amitié. Je tiens le fait de M. Royé: il a de bonnes raisons pour en être sûr.

C'est pendant ces laborieuses années que Vacherot commence, poursuit, achève son premier grand ouvrage. L'Académie des Sciences morales avait mis au concours l'histoire de l'École d'Alexandrie. Ce beau sujet tente Vacherot. De 1839 à 1842, il joint à la direction une conférence d'his-

toire de la philosophie ; il y étudie les
Alexandrins. Ses notes subsistent en partie, non pas ses leçons, mais les analyses
des auteurs lus. Couronné en 1844, le
mémoire devient un livre. Les deux premiers volumes paraissent en 1846, le
troisième en 1851[1]. L'intérêt du sujet,
l'abondance de l'érudition, l'audace de la
pensée, attirent sur l'ouvrage et sur l'auteur
l'attention publique. Jules Simon venait
d'exposer la même histoire dans un livre
paru en 1845. Les deux ouvrages ne se

[1] Ernest Havet demandant à Vacherot, le 20 mai 1851, le
troisième volume de *l'Histoire de l'École d'Alexandrie*, lui
écrivait : « Je serai bien heureux de posséder un travail où
de si hauts sujets sont traités par un esprit large et péné-
trant, qui cherche sincèrement la vérité, qui s'y intéresse
vivement, qui ne se paye point de phrases et de style, et
qui, par cela même, écrit si bien et beaucoup mieux que
ceux qui ne veulent qu'être éloquents. Vous savez d'ailleurs
depuis longtemps quelle est ma vive sympathie pour vos
idées *libérales ;* je me sers d'un vieux mot, mais ce qu'il
exprime est encore malheureusement bien nouveau et bien
rare. »

nuisent pas. Les regards se tournent avec
plus d'ardeur sur l'École d'Alexandrie et
s'y fixent plus longuement, puisque deux
philosophes, si différents et d'ailleurs si
brillants, en font l'objet de leur étude.
Vacherot entre dans la célébrité. On le
loue. On l'attaque. L'apparition du dernier
volume déchaîne l'orage. Les temps ne
sont pas favorables aux audaces. Cousin
s'assagit, se tempère de plus en plus, et
de sa philosophie, qu'il contenait par esprit
de gouvernement sous la monarchie de
Juillet, il veut faire maintenant, sous un
autre régime, quelque chose d'acceptable
pour les plus rigoureux tenants de l'ortho-
doxie. Il voudrait ôter de ses anciens écrits
tout prétexte à l'accusation de panthéisme:
ce n'est pas lui qui viendra au secours de
l'admirateur des Alexandrins. Vacherot,

au contraire, trouve tout naturel d'aller
jusqu'au bout de sa pensée. Il y va. Les
Alexandrins ont des points de contact avec
les Pères de l'Église. Il serait prudent de
ne pas le voir, du moins de ne pas y insister :
Vacherot voit, regarde, dit ce qu'il voit,
insiste. Cousin, même avant ce qu'on appelle
la réaction de 1852, faisait tout pour éviter
les conflits entre la religion et la philosophie : Vacherot se mêle du dogme, prétend
en découvrir non seulement les analogies
avec certaines idées philosophiques, mais
la parenté ; tel dogme, et le dogme fonda-
mental, reçoit quelque chose de la philosophie. La théologie se dresse contre lui.
Aux textes sont opposés les textes, les
mêmes. Vacherot cite, traduit, interprète :
voici une citation plus complète, et le sens
littéral exact, et la juste interprétation :

tout ceci, questions de fait; bientôt c'est l'exégèse même qui est en cause; et le rationalisme et la tradition, une certaine philosophie et la théologie catholique sont aux prises. L'abbé Gratry, aumônier de l'École, estime que son « devoir[1] » est de parler; il parle, dans ses entretiens particuliers avec les élèves, dans ses conférences, et il prépare un livre. Il en avertit M. Vacherot[2], puis donne sa démission. Les journaux se mêlent du débat, l'enveniment. Malgré le soin que prend Gratry de « ne pas laisser dégénérer une polémique scientifique en une querelle universitaire » — ces mots sont dans une lettre d'un normalien, 16 juin 1851 —, l'opinion

---

[1] *Lettre à M. Vacherot*, avant-propos et pages 1 et 2.

[2] Il propose à M. Vacherot de lire cette réfutation: si M. Vacherot, convaincu de ses erreurs, retire son volume, l'abbé Gratry ne fera point paraître le sien.

publique s'émeut, le Ministre intervient, et, le 29 juin 1851, Vacherot est mis en disponibilité. Le 7 juillet suivant, la *Lettre de l'abbé Gratry à M. Vacherot* paraissait.

Transportons-nous à vingt ans de distance de l'événement. C'est à une séance de l'Association des anciens élèves de l'École normale supérieure, en janvier 1872. Un normalien, qui porte soutane, y vient : il rencontre Vacherot, qui a été son maître. Le P. Gratry était malade, à Montreux. Vacherot, avec un affectueux intérêt, s'informe de ses nouvelles. Peu de jours après, les cordiales paroles de l'ancien directeur sont portées à l'ancien aumônier. La réponse du malade est belle, très belle[1].

---

[1] « M. Vacherot me demande avec un affectueux intérêt des nouvelles de notre malade. Dès mon premier entretien avec le Père, je tins à lui reporter les cordiales paroles

Vacherot en fut touché, et toujours il se
souvint de 1872 plus que de 1851. Le normalien, c'était Adolphe Perraud, de l'Oratoire, aujourd'hui évêque d'Autun et cardinal. Il aimait Vacherot, et Vacherot l'aimait.
Au printemps dernier, Vacherot, le lendemain d'une visite de son ancien élève de
passage à Paris, disait avec ce sourire et
ce geste gracieux que ses amis n'ont pas
de peine à se représenter : « Le cardinal
Perraud, je le porte dans mon cœur. »

Et maintenant, apaisés par ceux mêmes

que m'avait dites à son sujet l'ancien directeur de l'École.
« Cher enfant, me répondit-il, quand vous retournerez à
« Paris, portez-lui de ma part le baiser de paix. Je le lui
« aurais porté moi-même si j'avais pu. Il y a quelque temps,
« je voulais lui écrire pour lui dire combien j'étais touché
« de l'attitude si noble, si loyale, qu'il a prise à l'Assem-
« blée. » Il ajouta ensuite : « Oh ! la charité, la science
« de réunir les hommes ! Depuis trois mois, comme j'ai
« pensé à cette science ! Et il me semble que je l'ai trou-
« vée. » *Le P. Gratry, ses derniers jours, son testament
spirituel*, par le P. Adolphe PERRAUD, prêtre de l'Oratoire
et professeur à la Sorbonne. Paris, 1872, pp. 65 à 67.

qui furent les acteurs de la lutte, revenons
à la lutte : lutte d'idées et de principes,
nullement rivalité d'influences. C'est ce
qu'on voit quand on envisage bien en face
ces deux hommes : fougue naturelle, esprit
prompt, très vite sous les armes, ressources
d'une dialectique tenace, toutes choses qui
leur sont communes, tous deux les mettent
au service non d'eux-mêmes, mais de ce
qui est d'ordre supérieur. Aussi se frappent-
ils sans cesse de s'estimer. Le spectateur
impartial du débat entre dans des sentiments pareils. Lorsque Vacherot dit : « Ce
livre ne recherche pas les questions qu'une
philosophie par trop circonspecte tient
pour indéfiniment réservées; mais, quand
il les rencontre, il ne les décline pas[1] » :

---

[1] *Histoire critique de l'École d'Alexandrie*, t. III, avant-
propos, p. II.

on sait bien que ces barrières dont il s'af-
franchit étaient élevées surtout par la pru-
dence, et l'on aime mieux son audace que
l'indifférence ou l'hypocrisie. Lorsqu'il dit
que : « ce livre est » dans sa pensée
« œuvre de science, non de parti[1] », on
l'en croit ; et l'on souscrit à cette maxime :
« A la science tout autre intérêt que celui
de la vérité est indifférent ; tout autre joug
lui est intolérable[2]. » Mais, sans compter
qu'il ne faut point abuser des mots de
« science » et de « savant », ici, en fait,
est-ce la « science » qui est attaquée, et
n'en serait-ce pas plutôt le « contraire »,
si des contresens sont signalés au traduc-
teur, des méprises à l'exégète ou de témé-

---

[1] *Histoire critique de l'École d'Alexandrie*, t. III, avant-
propos, p. II. .
[2] *Ibid.*, p. III.

raires conclusions à l'historien ? Il s'aventure en des matières complexes et délicates et ardues, croyant avoir, mais n'ayant pas cette préparation indispensable partout, indispensable ici, je pense, comme ailleurs pour le moins. On peut contester à Gratry certaines de ses vues philosophiques ; mais, à moins de le juger sans l'avoir lu, il faut reconnaître que, sur plus d'un point, c'est lui qui fait œuvre de science et de critique. Quant au sentiment qui l'anime, c'est le zèle du chrétien et du prêtre ; et tout ce qui dégraderait la discussion est si loin de lui que, dans ses plus grandes vivacités, il a « devant l'esprit » — je cite textuellement — « l'homme dont il honore, avec tous ceux qui le connaissent, le caractère moral et la sincérité[1] » ; et ce n'est pas là

[1] *Lettre à M. Vacherot*, p. 1. Cf. pp. 164-165.

de la politesse, pas plus que les duretés ne veulent être des injures.

Ainsi en jugeaient les catholiques de l'École. Nous avons leur impression toute vive. « M. Vacherot nous a fait ses adieux mercredi... Il était fort ému... Il nous a serré à tous la main, et à *nous* en particulier avec une vive sympathie. Nous n'avons pas cru que nous autres, qui avions été mêlés à ces affaires, nous fussions dispensés d'une visite particulière par la visite générale. J'allai chez lui, le lendemain, lui renouveler en particulier avec Vignon[1] la reconnaissance et l'affection que nous gardions pour lui. Il fut fort sensible à cette démarche et nous assura à son tour, en nous serrant cordialement la

[1] Aujourd'hui professeur honoraire de rhétorique du lycée de Lyon.

main, qu'il se souviendrait toujours de
nous et qu'il nous suivrait dans nos car-
rières avec le même intérêt. Le fait est
qu'il est impossible, pour nous catholiques,
d'avoir un directeur qui nous fût plus
favorable. » Et, dans la même lettre, nous
lisons : « J'estime et j'aime M. Vacherot. »
Tout ceci est écrit à l'École même, le
7 juillet 1851, et ce mercredi, jour des
adieux, est le mercredi 2 juillet. L'auteur
de la lettre, c'est un ardent admirateur du
P. Gratry, Cambier, qui devint prêtre de
l'Oratoire et mourut missionnaire en Chine :
il écrit à son ami Adolphe Perraud, sorti
de l'École depuis un an et alors professeur
d'histoire à Angers[1].

---

[1] Il y aurait encore bien des choses intéressantes à
prendre dans ces lettres. Je citerai du moins la lettre du
11 mai où il est question d'un passage de saint Jean Damascène sur lequel Vacherot s'était étrangement mépris.

Le 30 juin, le Ministre de l'Instruction
publique, M. de Crouseilhes, avait écrit à
Vacherot : « Monsieur, c'est avec un extrême
regret que j'ai dû prendre une mesure dé-

Vacherot fait appeler Cambier. « Mon ami, c'est vous sans
doute qui avez copié le texte de saint Jean Damascène
que Taine m'a apporté ce matin. (Taine était le *cacique*,
il n'avait pas nommé Cambier.) — Oui, dis-je, mais je
l'ai copié sur une autre copie. — En répondez-vous ? —
J'en réponds, car elle vient de M. Gratry qui l'a copié
lui-même ponctuellement à Sainte-Geneviève. — Eh bien !...
vous avez raison, mon ami, votre traduction est exacte,
c'est moi qui me suis trompé. Je n'avais pas vu tout ce
qui précédait. Mais je ne veux pas laisser dans mon livre
une erreur si capitale. Je ferai reprendre tous ceux qui
sont donnés ou vendus, je ferai changer les deux pages.
Dût cela me coûter 3.000 francs, je le ferai. » Et il le fit.
Admirable loyauté. Mais un esprit préoccupé se dégage
malaisément : l'erreur, ôtée de la préface, se retrouve dans
le volume, page 40, dans une phrase que ce texte mal
compris inspire et appuie, ainsi que le remarque le
P. Gratry dans sa *Lettre*, page 82. Cambier raconte encore
que, dans ce même entretien, Vacherot dit « que l'étude
des Pères est une grande étude, qu'il ne les avait pas
tous lus, il s'en faut, surtout les Pères grecs : ils sont trop
longs, trop peu intéressants ». Ce qui ne l'empêchait pas
d'ajouter : « C'est égal, je maintiens mon opinion. »
Comme tout cela le peint ! Cette générosité qui va jusqu'au sacrifice, cette franchise, ces aveux, et aussi le
préjugé qui entête, et là même de la candeur : tout est
pris sur le vif dans ces détails contés au jour le jour.

terminée par des considérations que j'ai eu
l'honneur de vous faire connaître. Je désire,
Monsieur, que vous trouviez dans l'un des
deux arrêtés ci-joints la preuve des sentiments qui l'ont inspiré : beaucoup d'estime
pour votre personne, le souvenir de vos ser-
vices et le désir de pouvoir le plus tôt pos-
sible vous conférer les nouvelles fonctions
auxquelles l'administration a l'intention de
vous appeler. »

L'arrêté auquel le Ministre fait délicate-
ment allusion conservait à M. Vacherot
son traitement de directeur des études à
l'École normale, en attendant qu'un nouveau poste lui fût assigné. Vacherot eut
des scrupules ; ce traitement sans la fonc-
tion alarmait son exacte probité. Le Prince-
Président ne tarda pas à lui fournir l'occasion de la rassurer.

III

Le coup d'État éclate ; le serment est exigé de tous les fonctionnaires ; Vacherot le refuse, il est par le fait même destitué. C'est la gêne, et très étroite. Dans le plus que modeste appartement de la rue Copeau on ne mangera pas tous les jours à sa faim. Il faut donner des leçons. L'ennui de prendre des élèves en pension permet de mieux loger, de mieux nourrir la famille. Une conférence à Sainte-Barbe ajoute un peu aux ressources, beaucoup à l'honneur, puisque tous ceux qui l'ont suivie en ont

gardé un vif souvenir : M. Albert Sorel m'en
parlait dernièrement avec une admiration
reconnaissante ; un autre élève de Sainte-
Barbe, M. Ernest Dupuy, aime à se rappeler
entre autres une causerie sur Vigny à propos
du stoïcisme dans la poésie. Vacherot préparait à la licence pour la dissertation française : il prodiguait là des trésors de savoir
varié, de sagacité, de bon goût, avec des
vues souvent profondes et originales. Et,
malgré tant d'occupations, le travail personnel continuait : 1858 voit paraître *La
Métaphysique et la Science*, deux gros
volumes, et 1859, *La Démocratie*.

Ainsi, vers la cinquantième année,
prennent cours les deux pensées dont il
est possédé, l'une spéculative, l'autre
d'ordre social et politique. Le métaphysicien est très admiré et très contredit. Pour

soutenir, pour développer l'idée qui lui
est chère, recueillie autrefois sur les lèvres
de Cousin qui maintenant la rejette, il est
tour à tour psychologue, dialecticien, éru-
dit ; il devient éloquent ; il a des élans de
poète : c'est Plotin au XIXe siècle, Plotin
initié à la science moderne et à la critique,
ayant lu, après Descartes, Kant, s'étant
complété et exagéré par le commerce avec
Schelling et Hegel, et parlant français. A
une date que je n'ai pu retrouver, Michelet avait écrit à son ancien élève : « J'ai
été l'autre jour pour vous dire ce que je
pensais de vos admirables articles... Oh !
que vous avez gagné ! Quelle grande et
subite transformation !... Je le sens... Vous
irez très haut. ». Le 31 octobre 1858, venant
de recevoir sa *Métaphysique*, il lui écrit :
« Je vous lirai, cher ami, et je serai bien

heureux, après avoir eu l'honneur d'être votre maître, de devenir votre disciple. J'ai déjà lu et admiré votre préface, merveilleusement lumineuse et spirituelle, si féconde d'ailleurs ! Une seule objection, non contre vous, mais contre Spinosa et ses fils allemands : S'*il* est le Dieu du *tout*, pourquoi pas du *cœur* aussi ? Le cœur est-il hors du *tout ?* Je vous embrasse. » Renan, le 8 novembre, lui écrit : « Je ne veux nullement supprimer la métaphysique, pas plus que la poésie ; seulement notre siècle est si peu dirigé en ce sens que j'hésite à en faire et à conseiller d'en faire. C'est aux audacieux comme vous à prouver que l'exception existe. » Et, après lui avoir fait quelques objections, il déclare « qu'il envisage ce livre comme un événement dans l'état présent des esprits », et lui promet

de marquer, dans un prochain article de
la *Revue des Deux Mondes*, « la place si
considérable qu'il a prise dans la direction
de la pensée contemporaine par son caractère et ses écrits ». Émile Saisset, le 9 novembre, le remercie de l'envoi de « ces
deux imposants volumes » et se déclare
« en présence d'un des événements philosophiques les plus considérables ». Havet,
qui lui reproche de faire, après la part de
la critique, celle de la croyance (c'est, aux
yeux d'Havet, un reste d'illusion), lui dit
néanmoins : « Votre livre est fort. Il l'est
même là où il ne convainc pas, par la
puissance avec laquelle vous analysez et
vous enchaînez vos idées ; vous marchez
au-dessus de l'abîme sur des rebords où
d'autres ne pourraient pas seulement se
tenir debout... Dans une grande partie de

l'ouvrage vous avez toute raison, et vous avez raison d'une façon neuve, décisive et supérieure... Le style, digne de l'âme et de l'intelligence qu'il exprime, est un style original et vrai qui s'empare irrésistiblement du lecteur... J'ajoute que vous êtes véritablement clair ; j'entends quand vous parlez pour votre compte, car j'avoue que vous n'arrivez pas à faire le jour dans la nuit de Hegel, du moins pour mes yeux ; vous rendez seulement les ténèbres visibles. » Un billet de Fustel de Coulanges contient ces mots « : Cher maître, je vous remercie du beau livre que vous m'envoyez. Voilà une lecture qui m'élèvera au-dessus du terre à terre où la pauvre histoire me retient. Chercher des faits est bon ; penser est encore mieux, et, en votre compagnie, on ne peut s'empêcher de penser. » Je ne

sais si ce billet, daté du 24 octobre, mais
sans indication d'année, se rapporte à *La
Métaphysique*; en tout cas, il exprime ce
qui était l'impression générale : ce livre
était l'œuvre d'un homme qui pense et
fait penser.

Il pense, mais d'une manière qui trop
souvent n'est conforme ni aux vraies don-
néés de l'expérience, ni aux vrais principes
de la raison : voilà ce que, dans des écrits
fort remarquables, lui montrent ses contra-
dicteurs. Pour ne citer ici que les critiques
qui lui viennent de l'Université, Caro, dans
L'Idée de Dieu, institue toute une réfutation brillante, pénétrante ; M. Janet, qui,
en 1860, avait publié ses *Études sur la
Dialectique dans Platon et dans Hegel*,
procède, dans sa *Crise philosophique*, en
1865, à un examen serré des principes et

des conclusions de la philosophie nouvelle ;
et M. Ravaisson, dans son célèbre *Rapport*
de 1867, présente d'une façon très haute
de très fortes objections.

Voilà pour le métaphysicien. Au publiciste, c'est le gouvernement impérial qui
fait la guerre, et sur l'heure. *La Démocratie* est de 1859. L'année n'était pas ache-
vée que l'auteur est traduit devant le tribunal de la Seine. On retrouve dans ses
papiers les notes préparées pour sa défense
et toutes les péripéties de l'affaire rédigées
de sa main, sous ce titre : *Histoire d'un
procès de presse*. Il avait pris pour défenseur Émile Ollivier. Après le réquisitoire
l'avocat se lève et dit : « Messieurs, je ne
répondrai point au Ministère public. Il a fait
appel aux passions, cela est mauvais. »
Le Président somme Mᵉ Ollivier de se ré-

tracter, M⁰ Ollivier refuse ; une interdiction de trois mois le frappe. Le soir même, Taine écrit à Vacherot : « Cher maître, un homme très fin qui connaît bien le barreau et le monde, et à qui je viens de raconter l'audience, vous offre le conseil suivant : Ne pas prendre d'avocat pour vendredi ; et prononcer vous-même cette phrase : « Messieurs, après ce qui s'est passé à la « dernière audience, je considère que la « défense n'est pas libre, j'y renonce, faites « de moi ce qu'il vous plaira. » Réserver toutes vos forces pour la Cour d'appel, prendre alors pour avocat M⁰ Marie et surtout M⁰ Dufaure, un logicien précis, et qui a du poids auprès des juges. » Vacherot suit le conseil. Seulement c'est par une lettre au Président qu'il s'en remet à la justice de ses juges. La lettre est dans ses papiers.

Le 6 janvier 1860, le tribunal condamne l'auteur à un an de prison et ordonne la destruction des exemplaires saisis. Vacherot en appelle de ce jugement. Mᵉ Marie plaide devant la Cour. Il « met dans sa plaidoirie tout son talent et tout son cœur », dit Vacherot : « mouvements entraînants, discussions larges, citations heureuses et écrasantes. Rien ne manque... C'est élevé, noble, fort, éloquent. » La Cour, le 29 février, « met l'appellation au néant, ordonne que le jugement dont est appel sortira effet, néanmoins réduit la peine de l'emprisonnement à trois mois ».

Le livre est réimprimé à Bruxelles, cette même année 1860 : les éditeurs sont allés au-devant de l'auteur, et ils ont bien fait les choses. C'est soigné, c'est beau. Cette seconde édition, fort augmentée, met en

italiques les passages incriminés et con-
damnés, les commente en note, et donne
à la fin le texte des jugements rendus en
France contre l'ouvrage. A cette date, le
succès devait être grand. Il le fut. Vacherot trouvait, dans les régions où sa philosophie ne pouvait être approuvée, des
admirateurs de son courage civique. Le
24 décembre 1859, Montalembert, qui
venait d'avoir un procès semblable pour
des causes diverses, lui écrivait : « Je suis
infiniment touché, Monsieur, de l'accueil
que vous voulez bien faire à un sentiment
trop naturel et, j'ajouterai même, trop
intéressé pour mériter de tels remercie-
ments. Mais permettez-moi de profiter de
cette occasion pour entrer en relations
personnelles avec vous avant de partir
pour la campagne. » Montalembert était

trop souffrant pour faire des visites. Il
disait à Vacherot : « Si vous voulez me
faire l'honneur de passer chez moi, vous
procurerez une vraie satisfaction à celui qui
vous offre l'expression bien sincère de sa
haute considération. » Grande fut aussi la
satisfaction de Vacherot. Il revint ravi.
L'impression, renouvelée peut-être en
d'autres occasions, fut de celles dont le
souvenir se garde, car M. Arsène Vacherot m'a répété que son père trouvait
Montalembert plus remarquable encore
dans la conversation qu'à la tribune :
c'était la même éloquence, mais dans la
causerie étincelante, sans solennité ; si le
souffle était aussi puissant, il y avait plus
d'abandon, c'était plus beau.

En 1865, Émile Saisset meurt ; sa mort
laisse vacant un fauteuil à l'Académie des

4

Sciences morales et politiques, dans la section de philosophie ; Vacherot se présente. D'une lettre qu'il écrit alors à Cousin et dont la copie s'est retrouvée dans ses papiers, je détache ceci :

« Je ne suis pas heureux, mon cher maître. C'est une faute en ce que je n'ai jamais connu l'art d'être habile en restant honnête. Tout ce que vous me faites l'honneur d'appeler les grands partis de ma vie, je l'ai pratiqué très simplement et très naturellement. Si j'ai publié le dernier livre de l'École d'Alexandrie qui a provoqué ma retraite de l'École, c'est que je regarde comme un devoir de l'écrivain de dire toute sa pensée sur le sujet qu'il traite. Si j'ai refusé le serment, c'est que j'en suis encore à comprendre les sophismes inventés pour mentir à sa conscience. Si j'ai fait un livre sur les conditions de la vraie démocratie, c'est que je souffrais trop de voir prodiguer ce nom à la réalité actuelle. Si j'ai pris parti dans les dernières élections, c'est pour arracher à un candidat de la fausse démocratie, à M. Guéroult, les suffrages populaires de mon quartier. J'avoue que je n'ai pas du tout réussi. Enfin, pour tout vous dire, mon cher maître, s'il m'est échappé parfois des paroles de regrets contre votre circonspection philosophique, c'est que j'entendais avec tristesse les éloges des ennemis et les critiques des amis de la philosophie. »

Trois ans après, en janvier 1868, Cousin mourait, et l'Académie lui donnait pour successeur Vacherot.

L'année suivante, il publiait un gros

volume intitulé : *La Religion*. Il y disait à la
dernière page « qu'en ce temps de diplomatie philosophique bien des sages ne lui
sauraient pas gré » de l'avoir écrit. Il y
reprenait la thèse soutenue déjà dans *La
Démocratie*, à savoir que la religion ne
convient point à l'âge viril de l'humanité[1].
Je rejette sa thèse, mais j'aime sa protestation contre une façon mesquine de phi-
losopher qui interdit au penseur les questions vitales.

---

[1] Vacherot, au terme de ce livre, dit que « la religion
répond à un état, non à une faculté propre de l'esprit
humain », et il en conclut « qu'elle est un phénomène
transitoire, non une loi immuable, dans la vie générale de
l'Humanité, aussi bien que dans la vie particulière de
l'individu. Dès lors, sans être prophète, on peut *savoir à
quoi s'en tenir sur l'avenir religieux du monde moderne*. A
moins qu'il ne soit condamné à finir avant d'avoir atteint
l'âge viril, on peut prédire qu'un jour l'institution religieuse
ne sera pas plus nécessaire aux sociétés qu'elle ne l'est
aujourd'hui *à certains individus* dont *elle s'est définiti-
vement retirée* pour faire place à la philosophie et à la
science. »

Bientôt après, c'est un livre d'une autre sorte qu'il présente au public. Sous ce titre, *La Science et la Conscience*, il recueille une série d'articles publiés, en 1869, dans la *Revue des Deux Mondes*. Très attentif aux nouveautés scientifiques (il y a dans ses papiers de nombreux extraits de savants en vogue), très curieux et très heureux des progrès de la physiologie et de l'usage qu'en font les psychologues, il maintient entre les observations incontestables et les conclusions téméraires une ferme distinction, et il estime que des découvertes récentes et du déterminisme scientifique le libre arbitre n'a rien à craindre. Il a sur la conscience de soi, vraie source de la psychologie, des pages vraiment profondes : il dit aussi bien, parfois mieux que Jouffroy, que le meilleur Jouffroy. Il défend, preuves en main, dans le domaine psychologique, puis dans celui de l'histoire, la liberté humaine.

Ce livre remarquable fut peu remarqué. La préface porte la date de janvier 1870.

IV

L'Empire croule. Vacherot s'en réjouit ;
mais, toujours généreux, il s'indigne, au
sortir de la Chambre des députés, de voir
d'anciens courtisans insulter à la puissance
abattue. Il espère en la résistance nationale contre l'envahisseur. Les désastres
qui se succèdent font à son âme de patriote une incurable blessure. Enfermé
dans Paris pendant le siège, maire du
Ve arrondissement, il se multiplie pour
faire face à une tâche pour lui bien nouvelle. On m'a conté qu'un meunier de

Bièvres, je crois, ayant eu à traiter avec
le maire du Panthéon, avait dit : « C'est
un homme qui a beaucoup d'esprit, mais
il n'entend rien à la meunerie. » Certes,
il n'entendait rien à la meunerie, ni à
quelques autres choses ; mais, avec ce que
le langage populaire appelle de l'esprit,
il avait du cœur : aidé d'hommes comme
lui, que son choix avait désignés, Lorquet,
M. Royé, il fit beaucoup et bien. Le souvenir en est vivant.

Quand la Commune éclata, Vacherot,
navré, vit sans hésiter où était le devoir.
Il ne se laissa point leurrer par de vaines
espérances de conciliation. Il se refusa à
admettre qu'avec les nouveaux maîtres de
Paris on pût traiter sans crime, et, dans un
discours aux maires de Paris dont nous
avons la minute, il expliqua très nettement

sa conduite. La Commune vaincue, il ne cessa de flétrir « l'abominable insurrection qui avait mis notre pauvre France dans le plus grand péril qu'elle eût jamais couru ». C'est ainsi qu'il en parle, six années après, en faisant l'éloge de son vieil ami Delacour, son adjoint, et son successeur à la mairie du Ve arrondissement ; et ce sont aussi ses propres sentiments qui éclatent dans cet hommage rendu à son ami : « Qui fit plus de démarches que Delacour pour l'adoucissement de peine ou la libération des coupables repentants? Qui fit plus de propagande d'humanité pour les familles des criminels et des insensés ? Et cependant qui avait plus souffert, dans son cœur de citoyen et de patriote, de cette guerre civile donnée en spectacle à notre ennemi triomphant ? » Tout cela, c'est ce

que Vacherot a ressenti, et lui-même, venu
de Versailles, où le retenaient ses devoirs
de député, à la mairie où il apprend que je
ne sais qui songeait à réclamer du maire,
au sujet de certains de ses administrés, je
ne sais quels renseignements dénoncia-
teurs, n'avait-il pas répondu : « Nous ne
sommes ici ni pour les couvrir ni pour les
découvrir » ?

A l'Assemblée nationale, nous le trouvons l'adversaire résolu de toute mesure
oppressive et sectaire, le défenseur ardent
de tout droit et de toute liberté. Il fait
tout un discours pour établir qu'au Conseil
supérieur de l'Instruction publique il faut
des évêques. Il proteste contre les lois
dites existantes, au nom desquelles « des
citoyens français sont mis hors du droit
commun, et de pieuses filles hors d'un ser-

vice de charité ». Ce sont ses paroles en
1892, quand il veut résumer une politique
qu'il déclare odieuse[1] et qu'il n'a cessé de
combattre. Peu à peu, il est devenu impo-
pulaire dans son parti. Il s'en étonne, avec
candeur ; avertir, blâmer même, est-ce
donc trahir? On lui tourne le dos. L'Assemblée désigne les sénateurs inamovibles, le
duc de Broglie lui dit : « Vous n'êtes pas
de la Droite, mais vous nous permettrez
bien de vous porter sur notre liste. » Il
trouve cela naturel. De vieux amis, à qui il
le conte, s'en alarment. Son parti, qui ne
voulait plus de lui, en prend prétexte pour
rompre. Son nom ne figure pas sur la liste
républicaine. Ce fut pour lui un chagrin. Il
était peiné de voir que, parmi des hommes
qui avaient, sous un autre régime, tenu un

[1] *La Démocratie libérale*, 1892, préface, p. IV.

langage si libéral, sa fidélité à la vieille cause fût si mal reçue et que la franchise du langage ne pût être supportée dans une République. Il demanda à la presse une autre tribune.

Il avait donné à la *Revue des Deux Mondes* de très beaux articles de haute politique. Le dernier est de 1880. La *Revue* ne suffit plus à son ardeur. A la date du 17 septembre 1881, François Beslay, qui avait été son élève à Sainte-Barbe, lui écrit : « Cher et respecté maître, je ne résiste pas au plaisir de vous dire quelle pure joie de l'esprit et de la raison vous avez procurée à tous ceux qui ont lu votre lettre. C'est d'une élévation, d'une précision admirables ! Si la reconnaissance de l'un de vos anciens élèves, vous remerciant cette fois au nom de la liberté et de l'honneur de son

pays, peut vous être agréable, je vous en
adresse la vraie et très sincère expression. »
Il s'agit d'une *Lettre* éloquente en réponse
à un discours de Paul Bert au Cirque
d'Hiver. Où a-t-elle paru le matin même ?
dans le *Courrier du Dimanche* [1]. Cependant
Beslay, en la reproduisant dans le *Français*, pourra, avec raison, remarquer que
ce qui ajoute à « l'importance de cette
protestation contre la politique fanatique

[1] « Je lis attentivement toutes vos lettres du *Courrier du
Dimanche*, écrivait à Vacherot, le 15 novembre 1881, son
ancien collègue de l'Assemblée, M. Buisson. Je ne me
lasse point d'admirer *votre bon sens, l'élévation et le courage de votre polémique, et la toujours jeune activité de
votre esprit*, au milieu de circonstances politiques, dont
le seul résultat logique semble le dégoût, c'est-à-dire la
paralysie intellectuelle. Mais c'est plus que du contente-
ment que j'ai éprouvé à la lecture des conclusions de votre
lettre sur la critique religieuse et M. Paul Bert. Je me suis
senti vivement ému par l'expression du sentiment d'*humi-
lité* plus que philosophique qui vous porte à vous trouver
faible et petit devant ces *chrétiens* dont vous appelez la
vie sainte. » M. Buisson continue en déclarant que, com-
parant tant de chrétiens aux Littré, aux Vacherot, « fran-
chement il ne trouve pas les différences suffisantes... Je
ne m'exalte pas, je me sens profondément humilié. »

de certains républicains », c'est que
« M. Vacherot est républicain lui-même,
et de plus vieille date que beaucoup de ses
détracteurs de la gauche ». Mais bientôt
Vacherot s'anime davantage. Il lui faut les
journaux quotidiens : il écrit dans le *Soleil*,
dans le *Figaro*. Sa politique ne s'arrête
plus aux actes du gouvernement ou à la
législation ; il s'en prend à la République
même. La royauté tente son patriotisme ;
et, comme il a l'habitude d'embrasser avec
ferveur ce qu'il juge souhaitable, voilà que,
dans le *Correspondant*, cette fois, puis
dans un livre, il trace de *La Démocratie
libérale*, triomphant grâce à la monarchie
traditionnelle transformée, une vive es-
quisse. Les articles du *Correspondant* sont
de 1887, le livre de 1892.

Il a donc bien changé ?

Une quinzaine de jours avant sa mort, il disait à son ami, M. Royé, non sans quelque solennité : « Mon ami, nous avons beaucoup bataillé sur la forme, nous nous accordons sur le fond. » Cette parole vaut la peine d'être retenue.

Parvenu au sommet de la vie et voyant ses idées et ses amis au pouvoir, il a critiqué les uns et révisé les autres : c'est que, ayant beaucoup espéré de ses amis et de ses idées, très grande, très vive a été sa déception de trouver celles-ci trop souvent courtes, ceux-là trop souvent infidèles à leurs propres maximes. En même temps, prenant contact avec plus d'hommes et plus de choses, s'il perdait des illusions, il perdait aussi des préventions. Il avait toujours aimé ardemment son pays et la liberté : homme politique maintenant, il avait à la

servir efficacement. Son programmeét ait :
« Gouverner la démocratie, relever la
France, restaurer les finances, assurer la
paix sociale et religieuse[1]. » Eh bien ! il a
peur que son parti n'échoue à remplir
cette tâche ; il croit voir que son parti y devient obstacle.

Philosophe, il avait toujours distingué
entre le *fait* et la *vérité*, la *réalité* et
l'*idéal*, c'était comme le fond de son système ; publiciste, n'est-ce pas la même
distinction qui explique son attitude ? La
République, sans doute, demeure le gouvernement par excellence de la société
normale ; mais, la réalité donnant à la
théorie des démentis, ne faut-il pas s'atta-
cher à ce qui de la théorie même est la
raison, ici à la liberté et à la justice, donc

[1] *La Démocratie libérale*, 1892, préface, p. xxiv.

préférer à la lettre l'esprit, donc renoncer à ses idées propres ou à celles d'un parti, pour demeurer fidèle aux convictions profondes, aux principes, à l'Idéal supérieur ?

Voilà bien ce qu'il a prétendu faire. Et c'est pour cela qu'ayant écrit, en 1859, *La Démocratie*, il écrit maintenant *La Démocratie libérale*. Écoutons ses propres déclarations, dans la préface :

« J'ai publié, sous le second empire, un petit livre qui a fait quelque bruit, grâce à la saisie de l'ouvrage et à la prison de l'auteur. Le titre en était la *Démocratie* tout court. Je croyais tout dire en un seul mot. Démocratie libérale me semblait un pléonasme, sous un régime républicain. Ce livre était la simple explication du symbole de 89 : liberté, égalité, fraternité. C'est toujours la même doctrine que je professe, en ajoutant au titre une épithète dont l'expérience du régime actuel m'a démontré la nécessité. J'avais connu la démocratie impériale. J'ai appris à connaître la démocratie républicaine. Cela m'en a fait désirer une troisième qui sera la démocratie libérale. Celle-ci différera des deux autres en un point essentiel. Elle ne laissera à l'État que les attributions strictement nécessaires à l'accomplissement de sa mission. J'avais toute confiance en l'État républicain. Je lui faisais trop large part aux dépens de la liberté. Dans ma démocratie libérale, je restitue à la société toute la part qui lui appartient. Mes anciens amis, républicains libéraux, dont je ne suis séparé que par un mot, voudront bien me pardonner d'avoir été plus fidèle à notre cause qu'à notre parti. Cette cause, c'est la liberté dont la République nous avait paru le gouvernement par excellence. Vingt ans d'expérience m'ont enseigné que la République, au moins en France, n'est pas ce gouvernement. D'autre part, une période quasi-séculaire de centralisation m'a édifié sur les mérites de cette administration impériale, rigoureusement conservée par tous les régimes qui ont succédé au grand empire, y compris la République actuelle[1]. » Et il s'écrie en finissant cette préface : « Nous croyons que la monarchie reverdira un jour en pleine terre de France... Une cause n'est jamais perdue, quand le salut du pays dépend de son triomphe[2]. »

Dans le livre lui-même, nous lisons :

« Nous avons défendu nos principes et

[1] *La Démocratie libérale*, 1892, préface, p. ii.
[2] *Ibid.*, p. xxvi.

nos doctrines contre un parti qui ne com-
prend pas que l'ordre, la justice, la liberté
sont les premières conditions d'existence
d'un régime républicain. Nous sommes
tout disposés à suivre le gouvernement
dans la voie du bien, tout en combattant
ceux qui veulent le maintenir dans la voie
du mal. Nous n'attendons une restauration
monarchique que de la volonté du peuple,
désabusé en même temps que menacé d'une
révolution sociale. Si jamais notre monarchie vient, ce ne sera que pour recueillir
l'héritage d'une république dont nous
n'aurons pas avancé les jours d'une heure.
Qui peut nous faire un crime d'espérer
que notre France trouvera une planche de
salut, au moment de sombrer dans l'abîme
d'une démocratie révolutionnaire[1] ? »

[1] *La Démocratie libérale*, partie I, ch. III, pp. 82 et 83.

C'est assez clair, je pense. L'évolution est complète, elle est franche, et les raisons de l'accomplir sont dites très haut. Et passant en revue l'une après l'autre toutes les questions, toutes les institutions, il cherche partout la solution, le remède, le progrès dans la vraie liberté. Sur l'aristocratie et les moyens de la renouveler tous les jours, « engendrée perpétuellement par la démocratie qui la porte dans ses flancs », il a des pages superbes [1]. Il étudie l'administration, l'armée, le clergé, l'Université ; il aborde la question sociale ; partout c'est de la liberté qu'il attend le salut. Il détache de l'État l'Université, il rejette tout monopole de l'État, toute tutelle aussi, et il aspire au moment où « notre société française montrera qu'elle peut se suffire à

[1] *Ibid.*, partie I, ch. II, pp. 45 et suivantes.

elle-même ». Il salue « cette grande Université libre, qui aura l'honneur de se
gouverner elle-même ». Et il s'écrie : « J'ai
en tout le goût, je dirais volontiers la
passion de l'Unité. Seulement, je ne la
veux pas, comme l'entendent nos républicains, par la suppression de la liberté. »
Il entre dans le détail de la réorganisation
qu'il rêve. « Ce ne sera plus, dit-il enfin,
l'Université tour à tour impériale, royale,
républicaine. Ce sera l'Université nationale, plus digne que jamais de ce nom,
parce qu'elle ne sera la servante d'aucun
gouvernement[1]. »

J'essaie, par ces échantillons, de donner
quelque idée du souffle qui circule dans les
pages de son livre. Il attaque de toutes
parts « cette centralisation dont notre race

[1] *Ibid.*, partie III, ch. vi, pp. 273, 276, 281, 282, 285.

semble avoir tellement pris l'habitude qu'elle ne songe point à remuer bras et jambes sans la permission de l'État[1] », et, voulant assurer cette bienheureuse liberté contre les attentats de la licence ou du despotisme, il ne la conçoit plus existante que dans la royauté et par la royauté. Et il le dit.

Imitant sa franchise, et parlant sans doute un peu hors de propos, puisque mon avis personnel n'est pas ici en cause, je dirai que d'avoir désespéré de la République je ne le loue pas. Avec plus de clairvoyance patiente, ne se fût-il pas dit que, si les grandes réformes des mœurs et de l'esprit public, par lui jugées nécessaires, doivent, de son aveu, se commencer sous le régime existant dont il se garde de pré-

[1] *La Démocratie libérale*, p. 283.

parer ni même de souhaiter la fin violente,
rien n'empêche que ces mêmes réformes
n'améliorent et n'affermissent la République et ne la mettent en état d'accomplir
elle-même le beau programme tracé plus
haut? Mais, un courage a manqué à cet
esprit généreux, un seul, celui de sur-
monter ici sa déception. Quoi qu'il en soit,
ce qu'il faut comprendre, c'est qu'il a en
vue l'honneur et la sécurité de la France,
la justice et la liberté, et cela seulement.
Dans un hymne assez étrange à son patron
saint Étienne, commentant les paroles du
martyr qui meurt les yeux levés vers le ciel
ouvert, il dit que, pour lui, il a le regard
fixé sur le sol, et qu'est-ce qui l'y attache
ainsi?

Un coin de terre, un lambeau de ma France.

Ce « lambeau de sa France » lui cause de perpétuelles angoisses. Pour que « la France reprenne sa place », comme il dit, pour que « tout se fasse par la liberté », comme il dit encore[1], pour prévenir le retour d'un César et d'une invasion et d'une Commune, toujours constant dans son amour pour le pays et dans sa passion pour la justice et pour la liberté, il a été d'un parti, et puis il a voulu n'en être plus : c'était sa manière de rester fidèle à la même cause.

---

[1] *La Démocratie libérale*, préface, p. XXIII.

V

A-t-il, en philosophie et en religion,
accompli une évolution analogue?

Un jour, il y a une douzaine d'années,
il venait de me parler longuement : je le
vois s'arrêtant sur le seuil de sa porte,
pour me dire : « Tout ceci sur le terrain
social, car philosophiquement je n'ai pas
changé. On le verra bien, je prépare mon
testament philosophique. »

Ce testament, où est-il ? Dans les pages
sans doute que la confiance de son fils m'a
mises entre les mains en me désignant pour
cette Notice.

Le Nouveau Spiritualisme, en 1884, avait paru le résumé final de sa philosophie ; mais, puisque sa vie se prolongeait, un autre livre, plus court, plus compréhensif aussi, le hantait : là il mettrait ses plus chères idées sur toutes choses, en leur état dernier. A la fin de 1894, il se mit à écrire. Ses forces physiques déclinaient ; un soir, sortant de chez un ami, il lui avait fallu prendre une voiture pour regagner sa demeure ; c'était la première fois. Je vois encore de quel air il me contait, le lendemain, cet événement et son chagrin, et presque sa honte. Bientôt la réclusion allait commencer, et les loisirs du penseur croîtraient avec sa solitude.

Nous avons cent vingt-trois feuilles écrites d'une main ferme. Ce sont bien ses suprêmes réflexions, ses *Ultima verba*.

Voyez les titres, qui sont de lui : après *Ma
Préface*, qui s'arrête au bas de la quatrième
page, au milieu d'une phrase sur Cousin,
voici, par ordre : *Ma Psychologie* (29 pages),
où un parallèle entre Renan et Taine, à
l'avantage de Taine, attire le regard ;
ensuite, *Ma Cosmologie* (20 pages) et *Ma
Théologie* (22 pages), les deux points cul-
minants ; *Ma Morale* et *Mes Idées sur la
Justice pénale* (36 pages) ; *Mes Idées sur
la Charité publique* (12 pages), et deux
pages sur *Notre Histoire*, beau commencement d'une étude trop vite interrompue.
Ces écrits se trouvent avoir leur date ; il
écrivait volontiers sur des billets de faire
part. Il y en a de la fin de 1894, il y en a
de 1895, le dernier du 23 juillet[1]. Il disait,

---

[1] Dans le chapitre *Ma Psychologie*, il y a une page du
15 janvier 1895, une autre du 16 février : la chemise qui
enveloppe le chapitre est un billet de faire part du 20 sep-

vers le début de 1896, qu'il « assistait au déclin de la mémoire en lui et au progrès de l'oubli », et qu'ainsi « il vérifiait par sa propre expérience la distinction établie par les philosophes entre la pensée dépendante des souvenirs et la pensée pure ». C'est vers cette époque qu'il a dû cesser d'écrire. Le petit livre n'était pas fini. On y trouve des pages achevées et très intéressantes.

tembre 1894. Dans le chapitre *Ma Cosmologie*, il y a des billets de faire part de février et d'avril 1895. Dans le chapitre *Ma Théologie*, les billets employés sont de février, mars, mai et du 23 juillet 1895. Dans le cahier *Ma Morale*, il n'y a qu'un seul billet de faire part employé : il est du 2 décembre 1894. Les *Idées sur la Charité* sont enfermées dans une chemise du 23 octobre 1894. — Tout fait croire que, dans ce travail, Vacherot commença par résumer ses idées sur la *Justice* et la *Charité*, c'est-à-dire ses idées sociales et politiques. Ce que rien ne permet d'élucider, c'est qu'elle devait être, dans sa pensée, la première partie du livre. Car il inscrivait le numéro II sur le cahier *Ma Psychologie*, — numéro effacé ensuite, c'est vrai, mais représentant bien un classement sérieux, puisque les cahiers qui suivent portent les numéros III, IV, V. Est-ce la *Préface* qu'il avait en vue, et dont il faisait le numéro I?

C'est là, si l'on en rapproche dix pages de *La Démocratie libérale*[1] et certaines confidences faites à des amis, que l'on aura sa dernière pensée sur la religion et la philosophie. Ce n'est pas une indiscrétion de la chercher, puisque, dédaigneux de l'outrage ou de l'indifférence, accoutumé à affronter la colère des puissances établies ou celle des hommes de son parti, mais très soucieux que sa pensée ne fût jamais équivoque pour ceux dont il prisait l'estime, il a tenu à ce que ceux-ci ne se méprissent pas sur son compte.

Dans ce travail d'examen intérieur, il note les influences exercées sur lui : les très anciennes dont l'effet persiste, les récentes qui, par leur fraîche date,

[1] *La Démocratie libérale*, partie III, chap. III, pp. 309 à 311.

occupent son attention. Dès les premiers jours de sa vie pensante, ses maîtres avaient fait sur lui des impressions qu'il se plaît à retracer et à reconnaître. Et, chaque jour, en vieillissant, il prenait contact avec des hommes et des choses qu'avant 1870, par exemple, il ne connaissait guère. En philosophie proprement dite, il faisait des lectures qui l'intéressaient, et, comme il avait l'esprit ouvert et une très grande sincérité, il cherchait à voir comment des vues qui pouvaient le déconcerter s'accordaient néanmoins avec sa pensée constante et comment il pouvait s'instruire sans se démentir. Mais, de peur que ses amis ou anciens ou nouveaux ne le crussent plus changé qu'il n'était, il a, par égard pour eux comme par sincérité avec lui-même, regardé très attentivement dans sa conscience et, dans ces dernières pages, dit très haut ce qu'il a vu.

La religion l'a toujours préoccupé, et, même dans ceux de ses écrits où le christianisme est fort méconnu, il en parle comme d'une très grande chose, avec respect, même avec sympathie. Il y a, dans le livre de *La Religion*, des pages [1] où ce sentiment est particulièrement visible : ne rendant pas justice au christianisme, il lui rend hommage, et l'hommage est sincère. Mais pourtant, avant 1870, il ne parlait guère de choses chrétiennes que d'après ses souvenirs d'enfance ou d'après la politique pratiquée sous la Restauration, donc par sentiment ou avec quelque aigreur. Après 1870, il fait chaque jour des découvertes qu'avec sa sincérité habituelle il

[1] Pages 338, 339.

proclame tout aussitôt. Alors du christianisme, du catholicisme il aperçoit, il
touche, il déclare la vertu sociale, la
nécessité sociale. En même temps son
vieux libéralisme s'indigne des premiers
indices d'une hostilité sectaire à l'égard du
clergé, de l'Église, et sa sympathie pour la
religion s'en accroît ; il est volontiers du
côté de ce que l'on opprime, et les causes
vaincues lui plaisent. Le crucifix est chassé
de l'école, il le regarde avec respect et
amour[1].

Puis, comme ce publiciste, ce politique
est un penseur, il ne tarde pas à reconnaître que cette bienfaisance et cette

---

[1] De là les discours à l'Assemblée nationale où il flétrit
ceux qui veulent dominer le peuple en flattant ses passions, et qui, par haine aveugle pour « la doctrine du
Crucifié », font de « l'enseignement populaire un instru-
ment de prpagande corruptrice et dégradante ».

nécessité sociale de la religion ne sont
pas choses temporaires. Autrefois, avec le
Jouffroy de l'article *Comment les dogmes
finissent*, il a dit que le christianisme
serait la dernière des religions : il n'y en
aurait pas d'autre, car c'est la plus excel-
lente, mais de celle-là, comme de toute
autre, l'humanité ayant atteint l'âge viril
se passerait, et déjà l'élite s'en passe,
remarquait-il, l'élite, c'est-à-dire les philosophes[1]. Maintenant, à sa théorie de la
religion il fait une retouche ; avec Jouffroy
encore, avec le Jouffroy du *Cours de Droit
naturel*, il déclare que le christianisme
durera autant que l'humanité : sa tâche
n'est pas finie, elle ne sera jamais finie ;
on ne se passera pas de lui, et il n'y a
d'exception pour personne. Le voilà donc

[1] *La Religion*, p. 318.

qui, comme Jouffroy, ajourne indéfiniment le règne tant souhaité de la raison et de la science ; et, plus expressément que Jouffroy, il explique pourquoi.
« L'homme est né religieux. » Cela veut
dire que c'est à l'essence même de l'humaine nature que tient la religion. Ce ne
sont pas seulement les misères et les souffrances de l'humanité, ou ses infirmités,
ou ses facultés inférieures qui rendent la
religion nécessaire ; c'est le *cœur*, c'est la
conscience. Grande y est, sans doute, la
place des symboles, et jusque dans ses
derniers écrits, Vacherot a quelque mépris
ou quelque pitié « pour ceux qui ont besoin
de tout voir par les yeux de l'imagination,
de tout saisir par les prises de la sensibilité », surtout « pour ceux qui s'en
tiennent à des formules accréditées qui

leur paraissent avoir force d'axiomes ». Il
se sait gré encore de la « transition douce,
naturelle », par laquelle de croyant il
s'est trouvé incrédule, « n'ayant point eu,
comme Jouffroy, sa nuit de décembre » ;
et le rationaliste demeure si entêté de son
préjugé qu'il dit encore avec Jouffroy :
« Quand la foi se retire d'un esprit, c'est
pour n'y plus rentrer. » Et il ajoute :
« Si l'on a vu tomber une à une ses
croyances, comme des feuilles mortes,
sous le vent du doute, c'est fini. On a
perdu la faculté de croire. On est devenu
philosophe pour le reste de sa vie, à ses
risques et périls. Ce n'est plus la foi, c'est
la raison qui gouverne la vie, quand ce
n'est pas la passion qui la domine. » L'or-
gueil philosophique n'est pas mort. Cependant la nouveauté introduite dans la

théorie est importante : non seulement il
fait « de l'espèce toujours croissante des
prétendus libres penseurs qui ont plus de
prétentions que d'opinions raisonnées » un
portrait digne de Platon nous donnant le
signalement des sophistes : il a toujours
eu en horreur les Voltairiens ; là n'est pas
le vrai progrès : c'est ce qu'il dit du *cœur*
et de la *conscience* qui modifie la théorie :
du moment que c'est surtout le *cœur*, la
conscience que la religion intéresse et
qu'ainsi elle est chose essentielle, nul ne
peut s'en passer ni ne s'en passe, nul, pas
même le philosophe, car si le philosophe
se passe des *symboles*, il ne renonce ni
au *cœur* ni à la *conscience ;* et Vacherot
dit expressément « qu'il faut que le cœur
s'unisse à la raison, que la philosophie s'as-
socie à la religion pour que l'Humanité,

peuples et individus, puisse accomplir sa
destinée sur cette terre[1] ».

Je sais bien qu'ici sa philosophie se retrouve. Dans son système, l'Idéal absolu,
qui est le vrai Dieu, le Dieu de la conscience, le Dieu que l'Humanité adore[2], n'a
d'existence que dans l'homme, en sorte
que le divin réside dans le cœur et dans
la conscience de l'homme de bien comme
dans la tête du sage. *Et cœlum et virtus*,
aime-t-il à répéter[3]. « Le ciel dans le cœur
du juste comme dans la pensée du sage. »
Et ainsi « la théologie n'est qu'une psychologie supérieure ». N'oublions donc pas que
son rationalisme persiste, et ce rationalisme
persistant autorise et justifie à ses yeux je

---

[1] Papiers inédits, *Préface, Ma Théologie*, et pour la dernière citation, *La Démocratie libérale*, p. 316.

[2] *La Métaphysique et la Science*, t. II.

[3] Papiers inédits. *Ma Théologie*, p. 17.

ne sais quel mysticisme où il s'engage, je ne sais quel fidéisme où il incline. Étrange complexité de doctrines, de tendances, de sentiments[1] !

Or, pendant qu'il ne parvient pas à reconnaître à Dieu une existence indépen-

---

[1] C'est sur ce caractère imaginatif et mystique du rationalisme de Vacherot que M. Ollé-Laprune comptait revenir dans la *Notice* qu'il préparait pour l'Institut :

« Je voudrais, écrivait-il peu de jours avant sa mort, montrer, dans ma Notice pour l'Institut, que Vacherot n'a jamais conçu la véritable « idée pure » dont il parle tant. Il n'a pas dépassé la région de l'imagination, il n'a compris l'existence que se déployant dans l'espace ou dans le temps. Il a mis le divin dans la nature, puis et surtout dans l'homme. C'est un stoïcien, — mais un stoïcien psychologue. Il dit bien quand il dit que la théologie, disons la science, n'est qu'une psychologie supérieure... Verrions-nous, dans la doctrine de Vacherot sur l'opposition du Dieu idéal et du Dieu réel, une sorte d'essai d'arracher à nos prises trop grossières la très pure essence du divin? serait-ce une manière d'ôter les points de contact entre notre pensée humaine finie et le parfait incommunicable, mystérieux ? Pour Vacherot, ce n'est pas la réalité infinie qui est inaccessible et objet de respect et d'adoration ; c'est l'idéalité parfaite, laquelle, sans doute, n'existe que dans et par la pensée finie, mais n'en a pas les souillures, si l'on peut dire.

« Étrange mysticisme d'un philosophe rationaliste ! »

(*Note des Éditeurs.*)

dante de l'esprit qui conçoit et du cœur qui
aime l'Idéal, le Christ, qui est l'être réel où
l'Idéal divin trouve la plus complète expression, le Christ l'attire[1]. Dans ces derniers
papiers, nous le voyons aspirant à une
double unité, faite, pense-t-il, non sur les
ruines des diverses églises et des diverses
écoles, mais avec leur âme même : un
christianisme unique, *le* christianisme vraiment catholique, pure religion du Christ,
religion de l'amour, et aussi une philosophie unique, à laquelle il cherche un nom,
et qu'il nomme *stoïcisme*, parce que de tous

[1] Au revers de la page 2, du manuscrit *Ma Préface*, qui
est barrée, il y a des choses curieuses : « Si le Christ est
l'Homme-Dieu pour le théologien, il reste l'Homme divin
par excellence pour le philosophe. *N'est-ce pas toujours la
divinité ?* (Et ceci est barré dans le texte primitif.) Pourquoi
les deux sœurs ne se donneraient-elles point le baiser de
paix, ayant la même œuvre à faire, qui est de relever et
de consoler l'humanité abattue ou souffrante ? » Et encore
l'idée ci-dessus, entre les lignes, puis barrée : « Si je vois une
différence de doctrine entre l'Homme-Dieu du théologien et
l'Homme divin du philosophe, je ne vois pas d'opposition. »

les noms d'écoles c'est le plus populaire et que cette doctrine est la seule d'ailleurs où l'idée morale dans toute sa pureté ait primé. En attendant, il se désabuse non pas du fond de sa métaphysique même — à laquelle il sait gré de l'avoir fait renoncer, croit-il, à toutes les idoles et de lui permettre aujourd'hui d'évoluer, sans se démentir —, mais de la dialectique, mais des constructions des philosophes. Par moments il pousse bien loin la désillusion. Il sent, à la façon de Pascal, à la façon aussi de Maine de Biran, la vanité des systèmes. Dans *Ma Psychologie*, il écrit : « Le monde des phénomènes étant le monde de la science, il n'y a au-delà que les fantômes de la métaphysique. Je les connais, ces fantômes ; il y a beau temps qu'ils ne hantent plus mon esprit. » On ne s'étonne

pas alors que, trois ans auparavant, il ait
écrit, dans *La Démocratie libérale*, sans un
mot de blâme, que « Pascal croyait peu à
la métaphysique et ne souffrait la raison
que dans la science ». Il avait ajouté que
« sa théologie était tout entière dans son
cœur, et que c'est au cœur qu'il réservait
la connaissance de Dieu[1] ». Ce « mysticisme » — il emploie le mot — lui agrée.
Lui-même, avec Pascal, « médite sur la
doctrine, la vie et la mort du Christ », et
pourquoi ? « pour en être pénétré[2] ». Tous

---

[1] *La Démocratie libérale*, p. 310.

[2] *Ibid.*, p. 309. — Il faut citer, aussi, cette ébauche de
parallèle qu'il tentait entre les derniers instants de sa
femme et les souffrances de l'Homme-Dieu, dans une
pièce de vers qu'il adressait au prêtre qui avait assisté
Mme Vacherot à ses derniers moments :

A M. Vasseur, prêtre de Saint-Sulpice.

Elle aussi, pauvre femme, a gravi son calvaire,
Se traînant à genoux, elle a porté sa croix.
Vous lui parliez du ciel, elle oubliait la terre ;
Rien ne la consolait autant que votre voix.
Elle aussi s'écriait : « Mon Père, sauvez-moi ! »

les ans, pendant la grande semaine, il
relit la Passion. C'est écrit. Il écrit aussi et
puis répète en causant que « le Christ aura
son dernier regard [1] ». A ses visiteurs il
montre le *Crucifiement* de Munkaczy, placé
dans sa modeste chambre, de manière à
être vu de son lit ; il m'en a un jour dé-
taillé la religieuse beauté [2]. Il aime à dire
« qu'il mourra dans sa foi philosophique »,

> Ce fut toujours le cri de l'humaine nature ;
> L'Homme-Dieu l'a poussé dans son ardente foi.
> « Sauvez-moi ! » répétait la chère créature.
> Elle aussi, je l'ai vue au fort de sa douleur,
> Se confiant en Dieu, murmurant sa prière ;
> Pour retrouver sa force avec sa douce humeur,
> Elle n'avait qu'à dire : « A votre gré, mon Père... »

(*Monsieur Charles Vasseur, prêtre de la communauté de
Saint-Sulpice, 1824-1891.* Paris, librairie de l'OEuvre Saint-
Paul, 1895, p. 71.)

[1] *La Démocratie libérale*, p. 311, et les papiers inédits,
Ma Théologie.

[2] Et, dans *La Démocratie libérale*, p. 311, il dit dans une
note : « Quels artistes qu'un Munkaczy et un Rossini ! J'ai
toujours la scène du Calvaire dans l'œil, comme j'ai la
lamentation du *Stabat* dans l'oreille. » Il avait une sorte
de passion pour la musique.

et il explique « comment il se sent rede-
venir chrétien sans cesser d'être philosophe ». Il n'arrive pas au *Credo* de Nicée,
il n'adhère pas, j'allais dire il adhére-
rait encore moins à la *Profession de foi du
vicaire savoyard*, mais il fait pourtant « une
profession de foi » qui « rapproche sa religion de celle de Pascal », et cela « sous la
réserve d'une liberté philosophique que l'on
ne connaissait pas du temps de Pascal[1] ».
Toujours le même état d'âme : « la superbe »,
comme aurait dit Pascal, la satisfaction
de penser sans qu'aucune autorité ait rien
à y voir, et cela s'appelle raison, science
et philosophie ; et en même temps, néanmoins, l'aspiration vers Dieu et vers le
Christ, le Christ qu'il se plaît à nommer

---

[1] *La Démocratie libérale*, p. 311.

de ce nom très doux, Jésus, ou de ce nom
très grand, l'Homme-Dieu. Et à son ami,
M. Royé, dans une allusion claire à ses
funérailles, il dit : « Je ne contristerai pas
les chères âmes qui m'aiment. *Ne scanda-
lizaveris.* Il ne me répugne pas d'être traité
en chrétien... que j'ai essayé d'être. »
Pendant ses longs mois d'acheminement
vers la mort, il n'a jamais fermé sa porte
aux amis chrétiens et même prêtres qui
venaient le voir. Par sa volonté, ses ob-
sèques ont été religieuses.

Métaphysicien hardi, puissant logicien,
âme aimante, caractère droit, capable de
résolutions héroïques sans repentir, spé-
culatif, *méditatif*, comme on disait autrefois, et avec cela, passionné pour l'action,

pour la politique : quelle richesse ! Quelle
variété dans un même homme, et que de
contrastes ! Si on ne l'étudie qu'un peu,
les contrastes éclatent, et on le soupçonne
de s'être contredit. Si on l'étudie davantage,
ces contrastes s'atténuent parce que les
parties maîtresses se montrent mieux ; on
voit alors où est vraiment le conflit et
comment au fond il y a unité.

C'est un puissant esprit. Il mérite ce
qu'en disait Taine dans le beau portrait
de M. Paul à la fin des *Philosophes du*
XIXe *siècle.* Oui, il a bien cette force « d'aper-
cevoir beaucoup de choses d'un seul coup » ;
oui encore, « il démontre avec une suite,
une énergie..., qui ne se rencontrent guère
ailleurs ».

De l'homme il faut dire : c'est un honnête
homme. Et, puisqu'il a eu la faiblesse, si

l'on veut, de tracer lui-même son caractère,
empruntons son langage, ses vers :

Ce fils de paysan avait du gentilhomme [1].
. . . .
Rien de bas, rien de vil ne salit sa mémoire.
. . . . . Intraitable au vainqueur,
Surtout point courtisan, si ce n'est du malheur.

C'est bien lui, n'est-ce pas?

Mais il ne faudrait pas le poser en Caton.
. . . .
Ce n'était point Alceste, encore moins Philinte.
. . . . . Il ignorait la feinte.

Et ce dernier vers où la prosodie fait
défaut, mais non pas la vérité :

Jusque dans le devoir il mettait la *passion*.

Ajoutons à ces traits la bonté : il a aimé

[1] Dans ses notes concernant son procès de presse, nous
trouvons : « Je n'aime pas le bruit, et je n'ai jamais rien
fait, dans la politique comme dans la science, qui puisse
me faire soupçonner de rechercher la popularité. »

ses amis et il n'a gardé rancune à personne;
il a été doux, il a eu, dans ses rapports avec
ses semblables, grâce et bonne grâce [1].

Mais ce puissant penseur est un « imaginatif ». Et, avec son esprit prompt et
cette double intrépidité du logicien et de
l'homme, il va jusqu'au bout d'idées, ou
reçues ou siennes, qui ne sont parfois que
des images fortes : il en est d'autant plus
facilement dupe que la vigueur logique qu'il

[1] Qu'on rapproche, ici, quelques notes ébauchées par
M. Ollé-Laprune en vue de la *Notice* qu'il préparait pour
l'Institut :

« Remarque sur l'emploi des majuscules. — Lui simple,
sans affectation, comme il grandit volontiers les objets par
ce procédé typographique !

« Cela donne plus de consistance aux idées. Cela réalise,
cela substantialise, individualise, personnifie, au besoin
divinise.

« C'est *imaginatif*.

« Et c'est solennel. Il y a de la solennité chez cet homme
simple. Il est candidement solennel. J'imagine que dans
l'antiquité, à Rome, non en Grèce, on était solennel comme
cela : bonhomie, ingénuité, puis un ton haut, une gravité
solennelle, un oracle de la raison, de la sagesse. Le Sage
antique. »   (*Note des Éditeurs.*)

déploie pour les développer et les soutenir lui en dissimule la première origine.
C'est ainsi que j'explique l'empire que prit
sur son esprit Cousin, dont la « diplomatie
philosophique » ne cessa pas d'ailleurs de
le choquer. Il sut résister à Cousin, mais
pour être plus fidèle aux premières impressions reçues de Cousin. Des phrases où
l'image est plus vive que n'est distincte
l'idée, des mots brillants ou frappants
restent dans un coin de sa mémoire, il le
dit lui-même à quatre-vingt-six ans, et c'est
comme un germe qui travaille dans son
esprit, et opère secrètement, efficacement.
Imaginatif avec tout l'appareil réflexif, il
est facile à recevoir l'action de ce que
Malebranche eût appelé imagination dominante et contagieuse, et il excelle à
développer rationnellement un préjugé.

7

Préjugé aussi que cette maxime ou cet axiome jamais contrôlé, jamais examiné, que, pour faire œuvre de raison, il faut penser seul, et que tout ce qui n'est pas science proprement dite ou raisonnement philosophique est pur symbole. Il prétend échapper à l'imagination et à la sensibilité non moins qu'à l'autorité quand il rejette toute foi religieuse, et c'est l'imagination sans doute encore, mais d'une autre sorte, et l'autorité encore, mais d'une autre sorte, qui le mettent sous le joug des maximes dominantes de son temps.

Dans l'exposition même de sa métaphysique, l'imagination met à la place et sous le nom d'idées pures des fantômes. Eût-il tant répété que l'Être infini est tout, si ce mot « tout être » ne lui eût pas toujours

offert l'image d'un réservoir immense et
inépuisable ? Et eût-il à l'Idéal suprême,
à l'Être parfait refusé l'existence de peur
de le dégrader, si, en concevant l'existence,
il se fût défait de l'image des êtres existants dans l'expérience et des conditions
de cette existence inférieure ? Se fût-il enfin
obstiné à chercher dans l'homme de bien,
ou dans le sage, le seule réalisation de
l'Idéal, s'il se fût détaché des images où
toujours s'enchaînait sa pensée, et s'il
eût compris que les êtres existants, avec
les abstractions ou les idées que les meil-
leurs d'entre eux portent dans leur tête,
n'épuisent pas nécessairement la réalité ?

Mais cette force imaginative ne le maî-
trise pas tout entier ; il a, d'autre part,
les moyens de s'y soustraire en quelque
mesure.

D'une intelligence ouverte et d'une courageuse sincérité, il est docile aux enseignements de l'expérience, aux leçons de la vie. Et enfin, il a l'âme profonde. A mesure donc qu'il avance, il se désabuse de beaucoup d'apparences, et son âme va s'épurant, s'agrandissant, s'approfondissant ; elle s'élève aussi. Où ne l'eût-elle pas conduit si son imagination, frappée depuis les premières années de sa vie pensante, ne l'eût retenu sous le joug de certaines maximes et de certains mots ! Voilà où est le conflit. De par cette imagination, de par les influences subies, de par le pli contracté et gardé, il a certaines idées auxquelles il tient comme à lui-même ; et de par l'âme, d'accord avec ce que la pensée a de plus pur et de plus haut, il a de quoi se déprendre de ces idées et

monter dans la lumière en se dilatant par
l'amour[1].

Et, malgré tout, le long de cette vie de
quatre-vingt-huit ans, dans l'extrême diver-
sité des actions et des paroles, il y a unité
par le même sentiment persistant partout
et la même pensée toujours- dominante ;
unité par la fidélité inébranlable aux
mêmes principes, et aussi, en dépit des
préjugés, par la docilité croissante à
l'attrait qu'exerçait sur sa belle âme le
divin.

Mais que ce soit lui-même qui nous le
dise, et que ses propres paroles mettent fin
à cet essai de le raconter et de le peindre
avec vérité. A l'Assemblée nationale, il a dit:

---

[1] Je crois qu'il faut distinguer chez lui les *idées dominantes*
(reçues, venant de Cousin surtout et de l'Allemagne) et
puis les *principes dominateurs* (foi en l'idéal, au devoir absolu, à la liberté humaine, à la vertu de la liberté politique).

« Je vous en fais volontiers l'aveu, après
nos affreux désastres, j'ai perdu mes préoc-
cupations et mes passions de parti... J'ai
gardé mes principes[1]... » Voilà pour la
cause qu'il a servie : la justice, la patrie,
la liberté. Admirable parole où il est tout
entier : avec son courage, sa générosité,
avec ses idées maîtresses et ses grandes
amours. Je me trompe : il y manque, ce
n'était pas là le lieu, l'expression de cette
autre chose, où il faut chercher la première
source de ses pensées et de ses vigoureuses
résolutions : l'attrait pour le divin, pour
le bien, pour Dieu, pour le Christ. Il a
eu beau s'obstiner comme malgré lui à
chercher dans le sein de l'humaine nature ce qui la dépasse, il a eu beau se
consumer en efforts pour ramener à l'hu-

[1] Discours prononcé en 1873.

main le divin ; malgré tout il écrit, dès
1858 : « L'homme n'est grand, fort, sage,
saint, que de la grandeur, de la force, de
la sagesse, de la sainteté qu'il puise à la
source de toute vie, de toute lumière, de
toute vertu[1] » ; et, en 1892, répétant ces
mots du Christ : « Le ciel et la terre passeront, mes paroles ne passeront pas » ;
il répond : « Non, divin Maître, tant qu'il y
aura des fils d'Adam pour les recueillir »,
et il se plaît — c'est encore lui qui parle —
à « contempler le Fils de Dieu sur le
chemin de la Croix où son cœur le suit[2] ».

[1] *La Métaphysique et la Science*, t. II, p. 578. L'accent de
l'âme, si l'on peut dire, corrige ici le système et rend aux
mots leur portée. C'est au même endroit presque, page 548,
que se trouve le beau passage sur « l'erreur et le crime du
panthéisme », qui détruit la distinction entre le bien et le
mal, en marquant tout également du sceau de la Divinité
Il prétendait sincèrement, en dépit des apparences de s
doctrine, maintenir la liberté humaine et le devoir absolu.
[2] *La Démocratie libérale*, pp. 313-314.

N'est-il pas vrai qu'il nous a livré lui-même le secret de sa vie et qu'il nous en laisse saisir, dans les profondeurs de son être, l'unité ?

FIN

Tours, imp. Deslis Frères, 6, rue Gambetta.

www.ingramcontent.com/pod-product-compliance
Lightning Source LLC
Chambersburg PA
CBHW060631100426
42744CB00008B/1581